AF317284

8° L27
n
34559

JEAN FRANÇOIS DE LA HARPE,
DE L'ACADÉMIE FRANÇAISE,
Né à Paris en 1739; mort le 11 Février 1803.

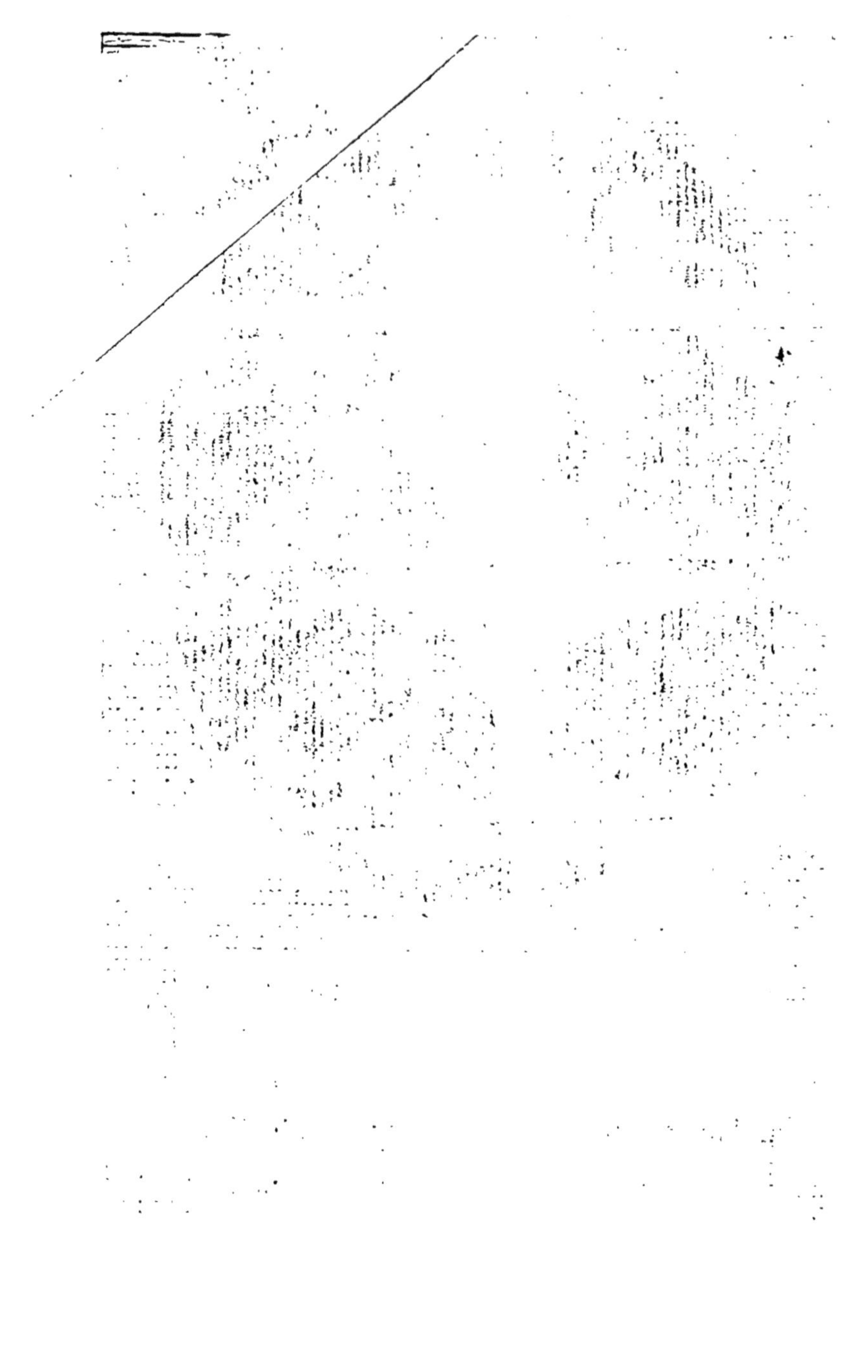

VIE DE LAHARPE.

JEAN-FRANÇOIS LAHARPE naquit à Paris, le 20 novembre 1739. Son origine est encore aujourd'hui très-incertaine, et il n'est point facile de concilier les opinions de ceux qui nous ont transmis quelques particularités sur sa vie. Les uns prétendent qu'il fut trouvé rue de la Harpe, dont il emprunta le nom, et c'est à cette circonstance que Gilbert fait allusion dans une de ses satires; les autres assurent que son père, d'une famille noble de la Suisse, était chevalier de S.-Louis. Le silence que Laharpe a gardé à cet égard, le voile dont il a cherché à envelopper ses premières années, permettent de douter de la vérité de cette assertion. Ce qu'il y a de certain, c'est que, dès sa plus tendre enfance, **il** connut la pauvreté et le malheur. C'est lui-même qui nous l'apprend dans une note écrite de sa main : « l'auteur, à l'âge de » neuf ans, dit-il, a été nourri six mois » par les sœurs de la charité de la paroisse » S.-André-des-Arts, et l'on sait que jus-» qu'à l'âge de 19 ans il a été élevé et nour-» ri par charité ». Cet aveu a quelque chose de noble et de touchant. A l'époque où Laharpe s'exprimait ainsi, la religion lui avait appris à dompter les mouvemens d'un orgueil trop prompt peut-être à s'enflammer, et qui plus d'une fois fut cause des chagrins qui troublèrent le cours de sa vie.

Il fut présenté fort jeune à M. Asselin, principal du collége d'Harcourt. La grâce avec laquelle il lui récita des vers français détermina cet homme bienfaisant à l'admettre au nombre des élèves, et quelque temps après il lui fit obtenir une bourse. La manière brillante dont il fit ses études, les nombreuses couronnes qu'il obtint dans le concours de l'Université (*), justifièrent

---

(*) Il doubla sa rhétorique, et deux fois remporta le prix d'honneur, avec tous les autres premiers prix.

ces bienfaits, et il s'acquitta, en quelque
sorte, par l'illustration qu'il répandit sur
la maison qui avait recueilli sa misère.

A cette époque, la distribution des prix
de l'Université n'avait point cette publicité
qu'on lui a donnée depuis. Cette solen-
nité avait un caractère grave et austère, et
il était bien rare que les noms des vain-
queurs s'étendissent au delà de ce qu'on
appelait le pays latin. Mais les victoires du
jeune Laharpe furent si multipliées que le
bruit s'en répandit dans le monde, et qu'elles
lui ouvrirent, ce qui était sans exemple, l'entrée de plusieurs maisons distinguées. Heureux s'il n'eût été connu que par ses triomphes, et si une aventure funeste ne fût
venu en ternir l'éclat et en corrompre la
douceur! Emporté par son goût dominant
pour la poésie, il avait composé contre un
professeur ridicule une satire qui fut répan-
due dans le collége. Quelque temps
après, il en parut une autre, mais ce n'é-
tait plus contre un subalterne que l'on
pouvait impunément mystifier qu'elle
était dirigée ; elle attaquait directement M.
Asselin, le chef de la maison, le bienfai-
teur de Laharpe. Cette raison seule aurait
dû empêcher qu'on ne l'accusât; mais ce
qui s'était passé précédemment, et peut-

être aussi l'espèce de verve qu'on remarqua dans cette pièce, firent tomber les soupçons sur lui. Il protesta de son innocence; ses réclamations ne furent point écoutées. Quel que fût le coupable, il semble que ses juges naturels étaient ses maîtres, et qu'on devait se contenter de déployer, à son égard, toute la sévérité de la discipline collégiale. On en jugea autrement : ce qui n'était au fond qu'une inconséquence, prit le caractère d'un délit; on en investit l'autorité publique. La satire fut portée à M. de Sartines, qui crut devoir exercer sur un écolier toute la rigueur de son redoutable ministère. Laharpe fut envoyé dans une maison de correction où il passa plusieurs mois.

Si, comme il y a tout lieu de le croire, il n'était point coupable, quelle impression dut produire sur une âme ardente et fière une si cruelle injustice ! Elle laissa dans son cœur de profonds souvenirs. On prétend même qu'elle influa sur son talent, et détermina, en quelque sorte, le choix de ses compositions littéraires. Ce qu'il y a de certain, c'est qu'on le vit toujours traiter de préférence les sujets où l'innocence se trouve aux prises avec la tyrannie : il se plaisait à retracer ces mouvemens d'une grande âme aigrie par le malheur, exaspérée par l'injustice, et qui puise dans ses infortunes mêmes une vigueur inconnue et une énergie nouvelle.

Cependant il avait terminé ses études, et il cherchait à se faire connaître dans le monde littéraire. La mode, qui exerce un empire tyrannique sur nos institutions, nos mœurs et nos coutumes, porte quelquefois son influence jusques sur les choses qui paraissent devoir le moins dépendre d'elle. La poésie même a été soumise à ses caprices. Nous avons vu à certaines époques certains genres consacrés et presque exclusivement admirés. On se rappèle la vogue extraordinaire qu'eurent les sonnets sous le siècle de Louis XIV : Job et Uranie avaient divisé les esprits. Le siècle suivant vit le règne de l'héroïde. Une héroïde faisait alors la fortune d'un poëte ; alors, on parvenait avec de petits vers à une grande célébrité ; et Rhulières, avec son seul poëme des Disputes, conquérait un fauteuil à l'Académie. Laharpe crut devoir sacrifier au goût du public. Il débuta par des héroïdes (*). Son amour-propre eut lieu d'être satisfait

---

(*) Il en publia un recueil en 1759.

de l'accueil que reçurent ses vers. Le précieux Dorat, dont le grand monde était alors engoué, et qui venait de publier son épître à Barnevelt, vit pâlir sa gloire devant ce nouveau rival. Mais l'envie épiait ses succès; à peine avait-il fait quelques pas dans la carrière, qu'il se vit entouré d'ennemis. Son caractère fier et impétueux ne lui permit pas de transiger avec eux; il mit même quelqu'affectation à les braver, et dès-lors la guerre fut déclarée.

Toutes ces héroïdes, qui furent tant admirées à l'époque où elles parurent, sont depuis long-temps tombées dans l'oubli le plus profond; et celles de Laharpe n'ont point échappé au commun naufrage. Toutefois si ces premiers essais sont aujourd'hui inutiles à sa gloire, ils ne furent point perdus pour son talent. Ces études préliminaires le fortifièrent, et préparèrent les brillants succès auxquels il parvint dans la suite. Le desir de la gloire était trop vif en lui, et en même temps il avait trop la conscience de ses forces, pour se borner à ces muets triomphes qui s'obtiennent dans le silence du cabinet; il lui en fallait de plus éclatans et qui fussent accompagnés du bruit si flatteur des acclamations publiques. Deux carrières s'ouvraient devant

lui : il osa les parcourir; et, la fortune se-
condant son audace, il obtint tout à-la-
fois les palmes du theâtre et les lauriers
académiques.

Warwick parut (*); il étonna ses rivaux.
On ne songea point à lui disputer sa gloire;
sa jeunesse, le mérite réel de ce premier
ouvrage, lui concilièrent tous les suffrages;
il fut présenté à Louis XV, et ses ennemis
mêmes craignirent de mêler trop ouverte-
ment leurs clameurs au bruit des applaudissemens universels. Mais, n'osant atta-
quer l'ouvrage, ils attaquèrent l'auteur;
ils recherchèrent sa conduite privée, lui
firent un crime de sa naissance et réveillè-
rent le souvenir de cette fatale aventure qui
lui avait fait faire l'expérience du malheur
à un âge où on ne le soupçonne point encore.

Quand on lit le magnifique éloge que
Cicéron a fait des lettres, on est tenté de
croire que jamais l'infortune ne peut at-
teindre ceux qui les cultivent, et que les
douces méditations de l'étude doivent pour
toujours éloigner d'eux les chagrins et

____

(*) Warwick fut joué le 7 Novembre 1763.

l'envie; il n'en est point ainsi : c'est une république orageuse que la république des lettres. À l'époque où Laharpe entra dans le monde, elle était divisée par deux partis que la différence de leurs principes et de leurs opinions rendait irréconciliables. Un jeune homme, qui débutait dans la carrière littéraire, devait nécessairement s'enrôler sous l'une ou l'autre bannière. Une neutralité exacte n'eût point assuré son repos, car rien n'est plus ombrageux que l'esprit de parti : *Qui n'est point avec nous est contre nous,* voilà sa maxime favorite.

La première personne que Laharpe avait eu occasion de voir, en sortant du collége, était Diderot. Ce philosophe avait, comme on sait, dans les manières, quelque chose de théâtral qui pouvait séduire un jeune homme. Il déploya son éloquence pour attirer à lui le jeune rhétoricien ; mais Laharpe ne fut touché, ni de son ton dogmatique, ni de ses déclamations ampoulées. Écoutons-le; c'est lui qui va nous raconter cette première entrevue. « Je n'ai » jamais été fort lié avec lui, dit-il, et je » ne l'ai jamais goûté; mais je l'ai assez vu » pour le bien connaître. Je sortais de mes » vacances de rhétorique à dix-sept ans,

» et je revenais d'une maison de campagne
» où un ami de Diderot m'avait donné
» une lettre pour lui. Son traité sur la
» poésie dramatique venait de paraître, et
» m'avait fort scandalisé. J'étais plein de
» tous nos bons classiques, et j'avais eu
» des maîtres distingués par leur goût.
» J'attaquai tout de suite le philosophe sur
» sa poétique, avec toute l'étourderie de
» mon âge et de mon caractère. Diderot,
» qui ne demandait qu'à catéchiser la jeu-
» nesse, ne s'offensa point de mes objec-
« tions, et se répandit en preuves. Frappé
» bientôt de son jeu d'énergumène, je
» m'occupai plus de lui que de la chose,
» et ne lui répondais guère que ce qu'il
» fallait pour continuer la dispute ou plu-
» tôt la prédication, car il n'avait besoin
» que d'un mot pour parler une demi-
» heure, et d'un texte quelconque pour
» parler de tout. La séance fut d'environ
» quatre heures : Il fut presque toujours
» debout, en mouvement ou en marche;
» et si par hasard il s'asseyait, c'était en-
» core une partie de sa pantomime. Pour
» moi, je profitais souvent de ses accès
» d'enthousiasme pour m'asseoir tranquil-
» lement et le regarder à mon aise. Son
» action la plus familière, et qu'on pou-

» vait appeler son tic favori, était de fer-
» mer les yeux, comme pour appeler
» l'inspiration : il restait alors la tête droite,
» les bras pendans, et les paroles, tom-
» bant de sa bouche, me rappelaient la
» comparaison des *flocons de neige* ap-
» pliqués si naïvement au vieux Nestor
» par le bon Homère. Il sortait de ces
» paroles extatiques et de cette attitude
» de prophéte par quelque mouvement
» brusque. *Qu'y a-t-il à répondre à*
» *cela ?* ... et il lançait son bonnet de
» nuit au bout de la chambre; puis il allait
» gravement le ramasser (car je ne voulais
» pas gâter sa pantomime), et, le remettant
» sur sa tête, il s'écriait d'un ton d'oracle :
» *Rien.* J'avoue que toute cette scène me
» parut fort ridicule, et ne relevait nulle-
» ment sa doctrine que je trouvais fort
» mauvaise, ni son bavardage dogmatique.
» Il s'aperçut apparemment à mon sang-
» froid qu'il m'avait étonné sans m'impo-
» ser, car il finit par me dire (et ce fut ce
» qu'il dit de meilleur) : *Qu'on vous voye*
» *d'un côté, assis fort tranquillement pour*
» *m'écouter, et moi de l'autre me mettant*
» *en quatre pour vous persuader, on ju-*
» *gera aisément que je soutiens un sys*
» *tème nouveau qui est à moi, et que vous*

» *en défendez un qui est vieux comme*
» *le monde.* C'était expliquer fort ingé-
» nûment son enthousiasme et ma tran-
» quillité ; mais l'impression était faite.
» J'étais naturellement ennemi de toute
» affectation, et rien ne me parut naturel
» dans cet homme ; il me déplut et ne me
» laissa d'autre opinion de lui que celle
» d'un missionnaire de mauvais goût qui
» ne ferait jamais de moi un prosélyte. »

Cependant la position de Laharpe n'é-
tait rien moins qu'heureuse. Sans fortune,
entouré d'ennemis que le succès de Warwick avait rendus plus ardens, il sentit qu'il
avait besoin d'un appui. Voltaire régnait
alors sur le Parnasse, *et exerçait sur tous
les peuples policés la dictature du génie.*
Laharpe ne balança pas; il se jeta dans ses
bras, et lui dédia sa tragédie. Voltaire,
voyant en lui un élève qui pouvait lui faire
quelque honneur, accepta la dédicace. Suivant sa coutume, il lui donna de grands
éloges; il fit plus, il l'appela auprès de lui.
Il faut rendre cette justice à Voltaire qu'il
se montra constamment le protecteur des
jeunes gens qui, maltraités par la fortune,
ne trouvaient que peu de ressources dans
leurs travaux littéraires. Il ne se bornait
point à de stériles conseils, il les aidait de

sa bourse, et il le faisait avec cette grâce et cette délicatesse qui doublent le prix du bienfait.

Laharpe resta deux mois à Ferney (*) : il avait emporté le plan d'une tragédie. Voltaire l'engageait, non-seulement par ses conseils, mais par son exemple, à y travailler. Pour le stimuler plus vivement, il mit Warwick au courant du répertoire : tout cela fut inutile, et Laharpe retourna à Paris, sans avoir écrit une seule scène de sa tragédie.

Ce séjour à Ferney, cette dédicace, cette espèce de patronage que Voltaire venait d'exercer à l'égard de Laharpe, ne laissèrent plus de doute sur le parti qu'il avait embrassé. Il s'était rangé sous la bannière des philosophes. Mais ce parti philosophique était, comme on sait, composé d'élémens qui, réunis sous un nom commun, n'avaient cependant ensemble aucune affinité. La philosophie athée du baron d'Holbach ne ressemblait en rien à la philosophie déiste de J.-J. Rousseau ; le cynisme de Diderot n'a aucun rapport avec le cau-

---

(*) Il fit son premier voyage en juin 1765.

teleux scepticisme de d'Alembert. On sait
que Voltaire n'était pas content du maté-
rialisme d'Helvétius; Rousseau appelait le
vieillard de Ferney un corrupteur, et celui-ci ne voyait dans Rousseau qu'un char-
latan.

Laharpe avait un esprit d'ordre, un
fonds de sagesse et de raison qui ne lui
permettaient guères d'adopter les extrava-
gans systèmes que professaient quelques-
uns des écrivains attachés à la secte. Il s'é-
tudia surtout à éviter les extrêmes, « et mit
» toujours beaucoup de décence dans les
» écrits qu'il destinait au public ; ses plus
» grands ennemis n'ont jamais pu produire
» une lettre de lui, dont les expressions
» blessassent les convenances et la pudeur.
» D'Alembert, ordinairement si mesuré
» dans ses ouvrages, se dédommageait dans
» sa correspondance avec Voltaire, de la
» contrainte que sa timidité lui imposait ; là,
» il se montre sans aucune retenue ; il plai-
» sante indécemment sur ce que les hom-
» mes ont de plus cher et de plus sacré ; il
» tourne en ridicule les sentimens les plus
» tendres et les plus respectables ; il se per-
» met fréquemment les mots grossiers, que
» la populace même n'emploie que dans
» l'ivresse ou le désordre. M. Laharpe, au

» contraire sut toujours se respecter; dans
» ses relations les plus intimes il n'avilit
» point son caractère, et l'on ne peut lui
» reprocher ce cynisme trop en vogue dans
» le siècle dernier, qui fit presque toute la
» fortune de Diderot, et que M. de Vol-
» taire ne poussa à l'extrême que dans sa
» vieillesse; erreur que les amis de l'urba-
» nité lui pardonnent d'autant moins que
» son esprit gracieux et brillant n'avait pas
» besoin de cette honteuse ressource ». (*)

Les opinions philosophiques de Laharpe
eurent pour objet plutôt la politique que
la religion; elles se décèlent surtout dans
ses discours académiques. On y trouve de
ces théories vagues, de ces systèmes hasar-
dés, dont l'auteur lui-même était bien loin
de desirer et de prévoir l'application.

Le succès de Warwick semblait devoir
être pour Laharpe le présage d'une suite
non interrompue de triomphes; mais, soit
qu'il eût épuisé toutes ses forces dans ce
premier ouvrage; soit qu'il eût été moins
heureux dans le choix de ses sujets, il

(*) Voyez l'excellente notice sur M. de la
Harpe, par MM. Petitot et Fiévée.

éprouva bientôt les rigueurs de ce même
parterre dont les applaudissemens lui
avaient été si doux. Il vit tout d'un coup
se décolorer et se flétrir ces fleurs si déli-
cates et si fragiles de la faveur publique.
Timoléon, Gustave et Pharamond, tombèrent à la première représentation. Ses
ennemis triomphèrent. Laharpe commen-
ça à douter de lui-même. Les hautes espérances qu'il avait conçues s'évanouirent,
et de l'excès de la confiance, il tomba dans
l'excès du découragement. A ces dégoûts,
fruits d'une imagination trop active, se joi-
gnirent des chagrins bien plus réels et bien
plus pressans. Ses premiers ouvrages lui
avaient rapporté plus de gloire que de profit. Les dépenses qu'il était obligé de faire
pour paraître avec honneur dans le monde, avaient épuisé ses modiques revenus.
Un jeune homme isolé, quelqu'exigu que
soit son patrimoine, trouve toujours moyen
de subvenir à ses besoins; mais Laharpe
n'était plus indépendant; il s'était marié; et
ce qui rendait plus pénible l'embarras de
ses affaires domestiques, c'est qu'il voyait
les privations qu'il était obligé de s'imposer partagées par une femme (*) qu'il aimait.

---

(1) Elle était fille d'un limonadier qui de-

Dans ces circonstances difficiles, Voltaire n'oublia pas son protégé. Il le fit venir à Ferney (*), asile ouvert à tous ceux en qui il reconnaissait un véritable amour pour les lettres. Laharpe partit avec sa femme, et y resta près de treize mois. Ce fut dans ce second voyage que s'établit entre Voltaire et lui cette amitié dont les liens parurent quelquefois se relâcher, mais ne purent jamais être rompus. La différence d'âge devait nécessairement donner un caractère différent à leur amitié. C'était de la part du vieux philosophe une espèce de paternité, et de la part du jeune élève un tribut d'admiration et de reconnaissance. Toutefois, dans ces relations intimes, Laharpe ne se ressouvint pas toujours assez des égards qu'il devait à son protecteur. Il avait dans ses opinions un despotisme dont il ne put jamais se corriger ; et ce despotisme il l'étendait quelquefois sur les ou-

---

meurait dans la rue des Quatre-Vents. Il épousa ensuite une autre femme qui fit bientôt divorce avec lui. Il n'est point resté d'enfant de ces deux mariages.

(*) Il alla pour la seconde fois à Ferney en novembre 1766.

vrages de son maître. Tout poëte est ombrageux : Voltaire, nourri de respect et
d'adulations, devait l'être plus qu'un autre;
cependant il souffrait les libertés de Laharpe, il les excusait même, et il répondait à ceux qui lui présentaient ces petites
incartades comme des infractions à la reconnaissance qu'il lui devait : *il aime ma
personne et mes ouvrages.* On trouve à ce
sujet dans un ouvrage de Chabanon des
détails qui font voir jusqu'où s'étendaient
ces libertés. « Laharpe jouait un rôle im-
» portant dans *Adélaïde*, il dit à Voltaire:
» *Papa, j'ai changé dans mon rôle quel-
» ques vers qui me paraissaient faibles.—
» Voyons, mon fils.* Voltaire écoute les
» changemens et reprend : *Bon! mon fils,
» cela vaut mieux : changez toujours de
» même, je ne puis qu'y gagner.* Enhar-
» di par ce succès, le réformateur de Vol-
» taire osa le réformer dans une pièce qu'il
» venait d'achever, et il ne prévint pas
» même l'illustre auteur des corrections
» qu'il s'était permises. Voltaire, au théâ-
» tre, s'aperçut des changemens faits à ses
» vers; il cria de sa place : *il a raison;
» c'est mieux comme cela.* »

Les entretiens d'un homme qui avait
produit des chefs-d'œuvre dans tous les

genres, dont l'imagination était si vive, la conversation si brillante, durent être sans doute très-utiles à Laharpe ; mais ce fut tout le profit qu'il retira de son séjour à Ferney. Son occupation presque exclusive fut d'y jouer la tragédie. Quelques scènes des *Barmécides, la Réponse à l'épître de l'abbé de Rancé*, voilà à quoi se bornèrent ses travaux littéraires. Il fit cependant quelques tentatives pour améliorer l'état de ses affaires. Il entretint des correspondances avec plusieurs libraires de Paris, ébaucha quelques spéculations ; mais tous ces projets furent sans aucun résultat et pour sa fortune et pour sa gloire.

Ce fut à cette époque qu'il fit les premières démarches pour entrer à l'Académie. Voltaire n'oublia rien dans cette occasion pour lui ménager la faveur de quelques académiciens ; il écrivit à d'Alembert, à Marmontel, à Dorat même ; tout cela fut inutile. Laharpe voyant alors s'évanouir toutes ses espérances, fut sur le point de partir pour la Russie, où on lui proposait une éducation. Voltaire le détourna de ce projet, et lui fit entrevoir de grandes ressources dans la protection du Duc de Choiseul, qui était alors tout puissant, et auquel il avait plus d'une fois écrit en sa faveur.

De retour à Paris, le premier soin de Laharpe fut de se présenter chez le Ministre ; mais n'en ayant obtenu que des promesses vagues et des espérances éloignées, il vit qu'il n'avait de ressources que dans son travail, et rentra dans la carrière de la critique. Cependant le zèle de Voltaire ne se ralentissait pas, et ses instances furent si pressantes, que son élève fut enfin admis dans la familiarité du Ministre. Ce fut pour lui plaire qu'il entreprit la traduction de Suétone. Ce travail, à ce qu'il paraît, n'était point de son goût, et ce que Voltaire lui écrivait à ce sujet, n'était guères propre à lui en inspirer. « Je suis très-» fâché, lui disait-il, que vous enterriez » votre génie dans une traduction de Sué-» tone, auteur, à mon gré, assez aride, et » anecdotier très-suspect ». Cependant les desirs d'un Ministre étaient des ordres, et il se hâta d'achever sa traduction. Son travail se ressentit de la précipitation avec laquelle il avait été fait. On ne peut douter que Laharpe n'eût tout le talent nécessaire pour se tirer habilement de cette entreprise ; mais il ne crut pas devoir s'assujétir à une fidélité scrupuleuse ; il s'imagina pouvoir traiter lestement un auteur tel que Suétone ; il se permit des retranchemens, et laissa même échapper quelques contresens. Malgré ces négligences, cette traduction est peut-être encore la meilleure que nous ayons. Elle est écrite avec l'élégance et la clarté qui caractérisent son style. Ces qualités ne parurent point à ses ennemis des compensations suffisantes ; ils étaient trop intéressés à le trouver en défaut pour n'en pas saisir avidement l'occasion. *L'année littéraire* donna le signal, et releva avec un soin minutieux tout ce qui pouvait prêter à la critique. Laharpe savait mieux que personne à quoi s'en tenir sur les fautes qu'on lui reprochait : il avoua ses torts, et les avoua avec la noble franchise d'un homme qui se croyait supérieur au travail qu'il avait entrepris. Cette assurance en imposa à ses ennemis ; ils ne crurent pas devoir pousser plus loin leur triomphe, et sentirent bien qu'il y avait de l'absurdité à accuser de ne pas savoir le latin un des plus brillans élèves de l'Université.

Leurs attaques successives n'étaient pas seulement dirigées, ainsi que nous l'avons déjà dit, contre ses écrits ; elles s'adressaient encore à son caractère. Plusieurs de

ces imputations tombèrent d'elles-mêmes,
parcequ'elles étaient sans fondement ; quelques autres furent moins aisées à détruire,
et aujourd'hui même encore leur impression n'est point entièrement effacée. M.
Gaillard, qui fut l'ami de Laharpe, et
qui le suivit dans presque toutes les circonstances de sa vie, déclare qu'il était
incapable d'une bassesse ; le caractère connu et les sentimens de Laharpe n'ont point
démenti cette assertion : cependant il se
trouve, dans sa vie, quelques faits que l'e-
xactitude ne permet pas de passer sous
silence.

Quelques mois après son arrivée à Paris, il fut accusé dans une gazette étran-
gère d'avoir payé de la plus noire ingratitude la généreuse hospitalité que Voltaire
lui avait donnée à Ferney. Il avait, disait-
on, soustrait de sa bibliothèque plusieurs
papiers importans, parmi lesquels se trouvait le second chant de la guerre de Ge-
nève. Voltaire démentit hautement cette
accusation ; et son seul désaveu justifie-
rait entièrement Laharpe, si le supplé-
ment à sa correspondance, récemment publié, n'était venu donner une face nouvelle à cette affaire. Voltaire, dans cette
correspondance, s'exprime de manière à

faire voir qu'il croyait Laharpe réellement coupable, et *qu'il avait été puni de son trop de confiance.* Cependant Voltaire lui-même pourrait avoir été abusé ; et ce qui prouve qu'il revint ensuite à des idées plus favorables sur le compte de Laharpe, c'est qu'il ne garda aucun souvenir de cette aventure, et que dans la suite, lorsqu'il le reçut à Ferney, on ne vit pas qu'il eût rien retranché de cette tendre amitié qu'il avait toujours montrée pour lui. Une autre lettre de Voltaire, que M. Palissot assure avoir eue entre les mains, accusait Laharpe d'être l'auteur d'un libelle odieux. Cette lettre finissait par ces mots : *opportet cognosci malos.* On fit beaucoup d'instances à M. Palissot, pour qu'il rendît cette lettre publique ; il s'y refusa constamment. Il eût été digne de lui de pousser jusqu'au bout la générosité, et de ne point consigner cette anecdote dans ses mémoires.

. Les chutes successives de *Timoléon*, de *Gustave* et de *Pharamond* avaient éloigné Laharpe d'une carrière où les affronts n'ont pas moins d'éclat que les succès. Celle de l'éloquence s'ouvrait devant lui ; il s'y engagea, et les honneurs du triomphe lui firent oublier les revers dont son amour-propre avait eu à souffrir.

Les concours académiques, avant cette
époque, avaient peu d'importance, et la
curiosité publique, qui fut depuis si vive
pour ces sortes de solennités, ne pouvait
être alors que médiocrement excitée par
des discours qui n'offraient que les lieux
communs d'une rhétorique triviale et usée.
Les séances de réception étaient presque
désertes, et les récipiendaires n'avaient
pour auditeurs que quelques amis qui ne
croyaient pouvoir se dispenser de cette complaisance. L'Académie alarmée de cet inju-
rieux oubli, et craignant que cette immortalité que semblait lui assurer sa devise,
ne fût qu'une promesse vaine et trompeuse,
crut devoir suivre une autre marche pour
réveiller l'attention et ranimer la curiosité
publique ; elle déclara, par l'organe de
d'Alembert, que désormais elle propose-
rait l'éloge des grands hommes. L'éloge
public, comme on voit, est une nouvelle
branche ajoutée par le 18.e siècle à la littérature. Les oraisons funèbres sont sans
doute des espèces de panégyriques ; mais
elles ont un caractère tout différent des éloges proprement dits. Là, il y a du moins
un motif ; la dépouille mortelle de celui
qu'on célèbre est sous les yeux de l'orateur. Ce spectacle de deuil, ces tristes res-

tes d'un grand homme l'échauffent et l'animent ; il raconte les belles actions qui ont illustré sa vie , et ces nobles récits réveillent , dans l'âme des spectateurs , de grandes idées et d'imposans souvenirs. Mais que signifie cet enthousiasme subit qui, sur l'ordre d'une Académie, s'empare d'une foule de concurrens, et leur met la plume à la main pour célébrer un personnage , dont jusqu'alors ils n'avaient eu qu'une idée très-imparfaite ? Ces éloges sont - ils les archives où la postérité ira chercher les titres de gloire des grands hommes ? et cette gloire brillera-t-elle d'un plus vif éclat, parce qu'un écrivain , attiré par l'espoir d'une palme académique, aura laborieusement entassé les périodes et les apostrophes, pour en composer un panégyrique ? Qu'est-il resté de tous ces discours publics ? Quelques uns figurent encore dans les bibliothèques, mais on ne les lit plus. Le chef-d'œuvre du genre, à ce que l'on prétend, l'éloge de Marc-Aurèle, n'est qu'une déclamation de théâtre, qu'une imitation visible du discours d'Antoine devant le corps de César. L'idée première appartient à Shakespear.

Cependant ce nouveau système adopté par l'Académie produisit l'effet qu'elle en

attendait : les séances devinrent des assem-
blées brillantes où se trouvèrent réunis
les personnages les plus illustres par leur
naissance, et les hommes les plus distingués dans les sciences et dans les lettres.
Des concurrens vigoureux descendirent
dans l'arène. A leur tête brillait Thomas,
rude athlète, à qui la victoire fut rarement
infidèle, et qui après avoir moissonné de
nombreux lauriers, alla enfin se reposer
de sa gloire au sein même de l'Académie.
Les rivaux que ses triomphes avaient fati-
gués si long-temps, commençaient à res-
pirer ; ils espéraient obtenir quelques unes
de ces palmes qui toutes s'étaient réunies
sur le front de ce vainqueur terrible ; mais
Laharpe parut, et leurs espérances s'évanouirent. Ce nouvel athlète était d'autant
plus redoutable qu'il était également ha-
bile dans tous les genres d'escrime, et
qu'aspirant à-la-fois à la double couronne
de la poésie et de l'éloquence, souvent
il obtint l'une et l'autre. La fortune cependant se plut quelquefois à lui faire
sentir ses rigueurs. Il avait concouru à la
Rochelle pour l'éloge de Henry IV, pro-
posé par M. Dupaty, avocat-général du
parlement de Bordeaux. Champfort, qui

connaissait les forces de Laharpe, avait essayé de le détourner de concourir pour cet éloge, et n'en avait reçu que cette réponse : *je me réserve le prix de la Rochelle.* En effet, il envoya un discours qui peut-être eût remporté le prix, si, oubliant la rigueur des lois académiques qui défendent strictement de se faire connaître avant le jugement, il n'en eût fait de fréquentes lectures. Ces lectures lui valurent de nombreux applaudissemens, et il se berçait déjà de l'espoir de son futur triomphe; mais le bruit de ce succès anticipé parvint jusqu'à la Rochelle, et l'Académie, se conformant à la lettre de ses statuts, adjugea le prix à M. Gaillard. Il se consola aisément d'une disgrâce que son amour-propre lui permettait de rejeter sur son imprudence et son indiscrétion. Le souvenir d'ailleurs en fut bientôt effacé par les éloges de Fénélon et de Racine, qui parurent successivement et ajoutèrent beaucoup à sa réputation comme orateur. Il ne lui fut pas aussi facile de supporter la défaite qu'il éprouva à l'Académie de Marseille, pour l'éloge de Lafontaine. Cette défaite fut d'autant plus cruelle, que le triomphateur était ce même Champfort qu'il avait traité avec tant d'orgueil. Il faut avouer que, dans cette occurrence, la fortune se plut à accumuler toutes les circonstances qui pouvaient ajouter à la gloire d'un vainqueur qui, naturellement fin et caustique, ne laissa point échapper une si belle occasion de mortifier son rival. M. Necker, qui protégeait Laharpe, ne doutant point qu'il ne remportât la palme, avait doublé le prix de la médaille. C'était une manière délicate de lui prouver tout l'intérêt qu'il prenait à ses succès. Son attente fut trompée : Champfort obtint la couronne ; et ce ne fut point une médiocre joie pour lui d'humilier tout à-la-fois son concurrent, et de remporter, pour ainsi dire, deux victoires dans une seule. Ce qu'il y eut de plus piquant pour Laharpe, c'est que son discours n'eut pas plus de succès à Paris qu'à Marseille. Le ton de bonhomie, l'air négligé qu'il voulut prendre pour louer le bonhomme parurent peu naturels. *Lorsqu'on voit*, dit à cette occasion une femme d'esprit, *Laharpe louer avec tant d'affectation la bonhomie de Lafontaine, on se rappèle la fable du loup devenu berger.*

Il ne se laissa cependant pas décourager par cette mésaventure ; il réunit toutes ses forces, et rentra dans la carrière avec une nouvelle ardeur. Ce fut alors qu'il remporta cette victoire brillante, une des plus mémorables dont les fastes académiques aient conservé le souvenir. On le vit trois fois vainqueur, obtenir, dans un même jour (*), le prix d'éloquence, celui de la poésie pour *les conseils à un jeune poëte*, et l'accessit pour *l'épître au Tasse*. Son triomphe fut d'autant plus éclatant que, dans l'éloge de Catinat, il avait pour rival un écrivain qui avait fait de la tactique une étude particulière, et qui, doué de quelques talens, avait sur lui de grands avantages pour célébrer un héros, un guerrier dont les faits militaires, pour être appréciés dignement, demandaient un homme qui ne fût point tout-à-fait étranger à l'art de la guerre.

Cependant, tant de palmes cueillies dans la lice académique n'avaient pu faire oublier à Laharpe son premier triomphe. Quoique les disgrâces qui l'avaient suivi n'eussent pas eu moins d'éclat, et que le laurier de Warwick en eût été presque flétri, ce triomphe vivait toujours dans sa

____

(*) En 1775.

pensée. Son amour-propre était intéressé
à prouver qu'il n'avait point dégénéré de
lui-même, et qu'il pouvait encore obtenir
des succès dans une carrière signaléc par
tant d'affronts. Toutefois une certaine mé-
fiance lui faisait craindre encore les rigueurs
du public; il crut devoir prendre un terme
moyen, en composant un drame que le
sujet empêchât de produire au grand jour
de la scène, et qui par cela même le sau-
vât de l'inclémence du parterre. L'évène-
ment prouva que ce calcul n'était pas mal-
adroit. Les lectures multipliées qu'il en fit,
les éloges qu'il reçut, les larmes qu'il fit ré-
pandre, le dédommagèrent avec usure des
applaudissemens du théâtre, et le réhabi-
litèrent dans sa propre estime. Il ne tint
même qu'à lui de croire qu'il avait produit
un chef-d'œuvre; et cette idée qu'il n'a-
vait que trop de propension à adopter,
était entretenue par celui qui donnait le
ton, et décidait de toutes les réputations.
L'ouvrage, écrivait Voltaire, *avait en-
chanté tout Paris; le style approchait de
celui de Racine; l'Europe attendait Mélanie* (*). On sait aujourd'hui quelle va-

____

(*) Mélanie fut imprimée, pour la première

leur il faut donner à ces louanges : elles sont même si exagérées qu'on serait tenté de les prendre pour du persiflage ; mais quand on a étudié le caractère de Voltaire, on est porté à croire qu'alors il était de bonne foi. Extrême en tout ce qui touchait à ses opinions favorites ; emporté par une imagination mobile et prompte à s'enflammer, le patriarche de Ferney sut rarement garder un juste milieu dans ses affections comme dans ses haines ; adoptant avec passion tout ce qui était conforme à ses idées, il repoussait avec fureur tout ce qui semblait leur être opposé. Irascible, impétueux, sensible jusqu'à l'excès à la louange et à la critique, il fut ardent ami et ennemi infatigable. Ce drame de Mélanie, qu'il vantait avec tant d'enthousiasme, n'était certainement point sans mérite ; mais aujourd'hui que nous voyons les choses de sang-froid, nous ne pouvons douter qu'il ne dut à des circonstances particulières une grande partie de sa vogue. On se ressouvenait encore de l'aventure qui avait fourni

---

fois, en 1770, et jouée sur le théâtre français en 1793

à Laharpe son sujet, et avait fait grand
bruit dans Paris. On assurait qu'une jeune
fille, forcée par d'injustes parens à se faire
religieuse, s'était pendue de désespoir le
jour même où elle devait prononcer ses
vœux. L'occasion était favorable; Laharpe
mit la main à l'œuvre, et son drame fut
bientôt terminé. Il le lut dans d'illustres
sociétés où il eut un succès prodigieux. Ces
lectures se multiplièrent; la mode s'en mê-
la; et après les opérations de finance, c'é-
tait l'affaire la plus importante. L'étiquette
voulait qu'on eût pleuré à Mélanie. D'A-
lembert ne contribua pas peu à entretenir
cet engoûment. Il ne manquait jamais d'ac-
compagner Laharpe; il prenait un air sé-
rieux et composé qui fixait d'abord l'attention. Au premier acte, il faisait remarquer
les aperçus philosophiques de l'ouvrage;
ensuite, profitant du talent qu'il avait pour
la pantomime, il *pleurait* toujours aux
mêmes endroits, ce qui imposait aux femmes la nécessité de s'attendrir : et comment auraient-elles eu les yeux secs, lorsqu'un philosophe fondait en larmes? Laharpe, revenu à des idées plus saines, vit
dans la suite d'un œil bien différent ce drame comblé de tant de faveurs, et il le dé-

barrassa de tout cet appareil philosophique auquel il avait dû d'abord une partie de sa gloire.

On peut remarquer comme une chose singulière que Laharpe dont le goût était si pur et si sévère, se soit exercé dans un genre contre lequel il s'était lui-même élevé plus d'une fois ; et il ne se borna pas au drame de *Mélanie*, il en fit encore un qui a pour titre *Barnevel* (*), et dont il prit le sujet dans un auteur anglais. Cette pièce est bien écrite ; mais en la transportant sur notre scène, il a été obligé de se conformer à notre système dramatique ; et les changemens qu'il a faits, en affaiblissant l'intérêt, rendent le dénoûment tout-à-fait invraisemblable.

A la même époque, Laharpe fit représenter Menzikoff à la cour (**); cette pièce eut quelques succès, et la Reine lui fit accorder une pension de 1200 livres. Mais, soit que l'auteur craignît que la cabale de ses ennemis ne fût encore trop forte ; soit

____

(*) Barnevel ne fut point représenté.
(**) En 1775.

qu'il se défiât du succès, il ne fit point jouer sa pièce à Paris ; il se borna à la faire imprimer. « Je n'ignore pas, dit-il dans
» sa préface, tout ce que peut perdre un
» ouvrage de ce genre dénué des avantages
» de la représentation ; je sais qu'à peine
» compte-t-on pour quelque chose une
» pièce qui n'en a pas joui : mais, accou-
» tumé aux *épreuves* et aux *sacrifices*, je
» ne puis que répéter pour ma consolation
» ces paroles d'un ancien : *Veritatem la-*
» *borare nimis sæpè aiunt, extingui nun-*
» *quàm, et spreta in tempore gloria, non*
» *nunquàm cumulatior redit.* »

Au point de consistance littéraire où en était venu Laharpe, il semblait que rien ne devait plus s'opposer à son entrée à l'Académie. La mort du duc de S.-Aignan venait de laisser une place vacante ; l'opinion publique le désignait pour son successeur ; mais ses ennemis qui étaient encore très-nombreux, firent nommer Colardeau, poëte élégant, littérateur médiocre, et qui, en aucune manière, ne pouvait soutenir la concurrence avec Laharpe. Voltaire et d'Alembert, qui s'intéressaient vivement à la nomination de leur protégé, n'osèrent, en cette occasion, faire de démarches trop

marquées; ils craignaient que des sollici-
tations intempestives ne lui fussent plus
nuisibles qu'utiles ; cette circonspection
ne fut point perdue , et l'occasion favorable se présenta enfin. Colardeau ne fit,
pour ainsi dire, que toucher le seuil de
l'Académie; il mourut sans avoir pu prononcer son discours de réception. Laharpe
fut nommé (*). Jamais séance académique
n'avait été aussi nombreuse et aussi brillante
que celle de sa réception. Le récipiendaire
ne crut pas devoir, en cette occasion, s'as-
treindre aux formes serviles et usées du panégyrique : à l'exemple de Voltaire , il
voulut traiter une question qui pût présenter quelque intérêt et soutenir l'attention.
Il avait pour but de prouver que, pour un
homme de lettres, il n'est point de société
préférable à celle de ses confrères. On trouve dans ce discours quelques morceaux que
l'on peut comparer aux plus belles pages
des éloges de Racine et de Fénélon ; mais
en général il parut froid et monotone. La
réponse de Marmontel fit bien plus de
sensation. Après s'être étendu avec beau-

(*) Le 20 juin 1776.

coup de complaisance sur les qualités qui distinguaient Colardeau ; après avoir tracé la peinture la plus touchante de la douceur de ses mœurs et de l'aménité de son caractère, l'orateur s'avisa de passer à l'éloge de Laharpe par cette transition : *voilà, monsieur, dans un homme de lettres , un caractère intéressant.* On ne sait trop quelles furent les intentions de Marmontel dans cette circonstance; ce qu'il y a de certain, c'est que les ennemis de Laharpe ne laissèrent point échapper l'à-propos. Ce mot si simple fut applaudi avec transport, à cinq à six reprises différentes, comme si c'eût été la meilleure épigramme que l'on eût faite contre Laharpe. Les éloges mêmes que Marmontel lui donna, furent applaudis avec une affectation qui ne laissait aucun doute sur la nature des applaudissemens. Les transports redoublèrent lorsque son panégyriste avoua que dans les disputes littéraires on lui avait souhaité plus de sagesse et de modération. « Jamais scène » de comédie ne fut plus piquante que ce » singulier persiflage , dit l'auteur auquel » nous empruntons ces détails ; il eût été » sans doute encore plus original, si celui » qui en était l'objet s'était mis à dialoguer

» avec le public, comme il a dit depuis
» qu'il en avait été tenté ».

Ce fut dans cette même séance que Laharpe fit lecture du septième chant de la
Pharsale, qu'il se proposait de traduire
toute entière : ce projet ne fut point exé-
cuté (*) ; il eût été cependant à desirer
qu'il eût naturalisé dans notre langue un
poëte qui, plus qu'aucun autre, se prêtait
à la traduction, parce que ses beautés con-
sistent plus dans la pensée que dans l'expression. Il paraît d'ailleurs, d'après le système qu'avait adopté Laharpe, qu'il se
serait donné toute la latitude possible pour
faire les retranchemens nécessaires dans
un poëme renommé par l'emphase et la re-
dondance de son style.

Laharpe, dont l'invention n'est point
la qualité dominante, et qui peut-être in-
térieurement se l'avouait à lui-même, s'est
souvent occupé de traductions. Supérieur
à ce genre de travail, il était plus que personne en état d'y réussir ; mais il n'y ap-
porta pas tous les soins dont il était capa-
ble. On n'a point oublié quelles critiques

(*) Il n'a traduit que les I, II, VII et X chants.

s'élevèrent au sujet de sa traduction de Suétone. Celle du Camoens (*) qu'il entreprit quelques années après fut plus heureuse. Il déclara qu'il l'avait faite sur une version littérale du texte ; et comme peu de personnes sont familiarisées avec la langue portugaise, on se contenta de l'élégance et de la facilité de sa prose, sans rechercher si elle avait encore le mérite de l'exactitude. Il a laissé huit chants de la traduction de la *Jerusalem délivrée*, et l'on regrette peu qu'il ne l'ait pas achevée.

Nous avons vu que dans la préface de Menzikoff, Laharpe avait donné des preuves d'une modération à laquelle on n'était pas accoutumé. Quels que furent alors les motifs de sa conduite, il est certain qu'il n'était pas homme à se contenter de cette gloire éloignée à laquelle il semblait se borner. Les succès privés ne pouvaient le dédommager de l'éclat des représentations publiques ; il avait besoin des applaudissemens du parterre, et il acheva les *Barmé-cides* (**).

(*) Elle fut publiée en 1776.

(**) Cette tragédie fut représentée, pour la première fois, le 11 Juillet 1778.

Voltaire était alors à Paris, fort malade des suites d'une hémorragie. Laharpe alla le voir, et le vieillard lui demanda lecture des *Barmécides.* Il s'en défendit long tems. » —Une lecture de ce genre pourrait vous » causer des émotions trop vives. —Non, » non, le plaisir d'entendre de beaux vers, » sera le dernier charme de ma vie ». Il fallut céder. Le visage du malade, à mesure que la lecture s'avançait, devenait plus triste; mais il n'y eut point d'émotion trop vive à craindre. La pièce finie, il lui dit avec une franchise à laquelle Laharpe était bien loin de s'attendre : «mon ami, » cela ne vaut rien; c'est un conte déplorable » où l'on trouve par ci, par là, quelques » beaux vers qu'il faut ôter, parce qu'ils » sont déplacés, parce qu'ils détruisent tout » le reste ; jamais la tragédie ne passera » par ce chemin là ». Laharpe ne tint compte de ce jugement et donna sa pièce; le succès fut médiocre; elle eut peine à se traîner jusqu'à la onzième représentation. Ses ennemis ne manquèrent pas de donner le nom de chute à ce demi-succès; et comme les amis de l'auteur, qui voulaient à toute force soutenir la pièce, se réunissaient au parterre où ils étaient fort à l'aise, on les appelait *les Pères du désert*. On ne se borna point à des épigrammes ; on en fit la parodie. On y voyait, comme dans la tragédie, la tombe d'Amenor où, après beaucoup de lazzis, on jetait tout ce qui se trouvait sur le théâtre, et enfin une *harpe*. Cette facétie parut inconvenante, et le lieutenant de police la fit supprimer à la quatrième représentation. Le public qui ignorait la cause de cette suppression, en sut fort mauvais gré aux acteurs : il voulut absolument la scène de *la harpe*, et l'on fut obligé de céder aux vœux de l'assemblée. On vendait aussi des cannes dont la pomme, légèrement pressée, faisait partir un coup de siflet ; on les appela des cannes *à la Barmécide*. Pour consoler l'auteur de tant de tribulations, M. le comte de Schouwaloff, à qui il avait dédié sa tragédie, lui envoya un diamant de trois à quatre mille francs. Mais Laharpe ne se laissait point abattre aussi facilement ; il se roidissait contre l'adversité, et déployait d'autant plus d'énergie, que ses ennemis montraient plus d'acharnement à le poursuivre. «*Ils croient m'avoir abattu*, disait-il à un de ses amis ; *je ne leur ai montré que le tiers de ma hauteur.*

Ces mouvemens impétueux d'un amour-
propre qui s'exalte et se révolte contre l'injustice, on n'est point étonné de les ren-
contrer dans Laharpe; on les excuse même.
Il serait à souhaiter qu'il fût aussi facile
de justifier quelques points de sa conduite
qui attestent ou une extrême ingratitude,
ou une extrême inconséquence. Voltaire
mourut. Cette perte devait être plus sensible à Laharpe qu'à tout autre. Les motifs les plus sacrés l'engageaient à affecter
au moins tous les dehors de la douleur,
si malheureusement il était vrai qu'il ne
fût que médiocrement affecté d'une telle
perte; mais il paraît que les dernières paroles de Voltaire sur les *Barmécides*,
avaient profondément blessé son orgueil.
A peine avait-il fermé les yeux, qu'il fit,
en quelque sorte, parade de son insensi-
bilité. A l'entendre, « il y avait long tems
« que Voltaire était mort pour les lettres;
» il était plus tourmenté qu'un jeune hom-
» me de l'ambition des succès littéraires;
» il n'avait plus qu'à déchoir. Son humeur
» était devenue intolérable ; son goût était
» tout-à-fait perdu, et les plus belles cho-
» ses le laissaient insensible ». On aurait pu
croire que les ennemis de Laharpe lui

avaient prêté ces propos inconsidérés, si lui-même il n'avait pris soin de ne laisser aucune incertitude à cet égard, et mis le public tout entier dans sa confidence. Le garde des sceaux venait d'imposer silence à tous les journaux, sur ce qui concernait Voltaire; ses ouvrages mêmes étaient pour quelque tems éloignés du théâtre. Laharpe le premier prit la parole, et ce fut pour faire une critique amère de la tragédie de *Zulime*. Cet oubli de toutes les convenances scandalisa même ses amis. Le marquis de la Viéville écrivit à ce sujet au propriétaire du Mercure, une lettre très-spirituelle et extrêmement piquante. Cette lettre fut remise à Laharpe au moment même où l'on exerçait, à l'égard des *Barmécides*, cette justice rigoureuse dont il avait usé envers *Zulime*. Ce double coup lui fut tellement sensible, qu'il avoua lui-même qu'il ne lui avait pas laissé assez de liberté d'esprit pour faire une réponse convenable. Il essaya cependant de se justifier dans le Mercure; mais quelles excuses pouvait-il y avoir pour une telle faute? Il prit le parti d'avouer qu'il avait péché par imprudence. Il devait peut-être borner sa justification à ce simple aveu; mais il n'entrait

pas dans son caractère de faire à ses ennemis des concessions aussi entières ; il crut
devoir , à la fin de sa lettre, se laver du
reproche d'ingratitude. Il le fit avec un
ton peu convenable dans cette circonstance
et cita avec emphase ces vers de Phèdre.

Je ne veux point me peindre avec trop d'avantage;
Mais, si quelque vertu m'est tombée en partage,
Je crois surtout, Seigneur, avoir fait éclater
La haine des forfaits qu'on ose m'imputer.

Cette apologie indiscrète produisit un
effet directement contraire à celui qu'il en
attendait, et indisposa contre lui ceux
mêmes qui étaient le plus portés à l'indul-
gence. Il sentit alors tout ce qu'avait de
critique la position où il s'était mis par son
imprudence : il songea sérieusement à faire
oublier ses torts, et voulut que la répara-
tion n'eut pas moins d'éclat que l'offense.
Il célébra sur tous les tons, en vers, en
prose, celui qu'il s'était permis de critiquer
une seule fois. Ces hommages multipliés
qu'il rendit à la mémoire de son maître,
en même tems qu'ils servirent à réparer
sa faute, ne furent point inutiles à sa gloire.

Les *Muses rivales* (*) prouvèrent la flexibilité de son talent. C'est une allégorie ingénieuse dans laquelle il a évité avec beaucoup d'adresse la fadeur et l'exagération , écueils ordinaires de ces sortes d'ouvrages. Il crut devoir d'abord garder le plus strict incognito; mais quand il vit les éloges donnés à sa pièce, il ne put se refuser à jouir de ses succès, et il se fit connaître à la quatrième représentation. Le mystère fut encore plus grand, et le secret mieux gardé, lorsque le *Dithyrambe aux Mânes de Voltaire* fut couronné à l'Académie (**). Le secret était d'autant plus nécessaire, dans cette circonstance, qu'il n'était plus permis à Laharpe de descendre dans l'arène, et qu'en se mêlant parmi les concurrens, il commettait une infraction aux lois académiques. Le Dithyrambe fut envoyé sous le nom de D'Argental, qui déclara que le véritable auteur desirait garder l'anonyme, et qu'il verrait avec plaisir que la couronne, qu'il ne pouvait accepter, fut donnée à celui

-----

(*) Cette petite comédie fut jouée le 1ᵉʳ février 1776.

(**) Dans la séance du mois de mai, 1779.

qui avait obtenu l'accessit. Non content de tant de satisfactions, Laharpe voulut encore déposer sur la tombe de Voltaire une dernière offrande expiatoire, et il composa son éloge. Cet éloge, qu'il écrivit *con amore*, était selon lui un des meilleurs ouvrages en prose qui fussent sortis de sa plume. En effet, de tous les panégyriques qui furent composés en l'honneur du grand homme, il n'y en a aucun qui développe avec plus de sagacité le mérite de ses nombreux ouvrages : aucun n'est empreint d'une admiration plus vive et mieux sentie pour celui qui, pendant cinquante ans, tint le sceptre de la littérature en Europe.

Parvenu à tous les honneurs qu'un homme de lettres puisse desirer, Laharpe pouvait jouir en paix du fruit de ses travaux, et, comme tant de ses confrères, s'endormir paisiblement dans le fauteuil académique ; mais son ardent amour pour les lettres ne lui permettait de prendre aucun repos, et l'on ne peut s'empêcher d'admirer son infatigable activité, lorsque l'on considère qu'à cette époque où il était chargé de la rédaction du Mercure et de la

correspondance du grand duc de Russie(*),
il publiait encore l'Abrégé général des
Voyages (**), compilation plus utile à sa
fortune qu'à sa gloire, mais où l'on distin-
gue cet esprit d'analyse et cette méthode
qui le caractérisent. Tant de travaux multipliés ne pouvaient cependant l'empêcher
d'aspirer à des succès bien plus flatteurs
pour son amour-propre; il tournait inces-
samment ses regards vers cette carrière
brillante où il avait obtenu une gloire que
toutes les fureurs de ses ennemis n'avaient
pu lui enlever. Toutefois il crut devoir
garder pendant quelque temps le silence,
et ce ne fut que trois ans après la représentation des *Barmécides* qu'il donna
Jeanne de Naples (***). L'on vit ensuite
paraître successivement *Philoctète* (****),

(*) Cette correspondance commence en 1775
et finit en 1789.

(**) Il en a donné 21 volumes.

(***) Cette tragédie fut représentée pour la
première fois, le 12 décembre 1781.

(****) Première représentation de *Philoctète*,
16 juin 1780.

les Brames (*), *Coriolan* (**) *et Virginie.*

Jeanne de Naples eut du succès; cependant Laharpe crut devoir y faire quelques changemens, et deux ans après, elle fut représentée avec un nouveau dénoûment. Il paraît qu'en traduisant le *Philoctète* de Sophocle, il ne voulut faire qu'un essai, et voir si la scène française pourrait supporter un sujet où respire toute la simplicité antique du théâtre grec. Il fit une lecture de sa pièce dans une séance de l'Académie; elle y obtint un grand succès, quoique des mauvais plaisans eussent dit que *ce n'était pas du Sophocle tout pur, mais du Sophocle tout sec.* Elle fut imprimée un an après, et l'impression ne lui fit rien perdre de l'estime dont elle jouissait dans l'esprit des connaisseurs.

Les *Brames* qui furent représentés peu de temps après *Philoctète,* avaient été com-

---

(*) *Les Brames* furent joués le 15 décembre 1783.

(**) *Coriolan* fut joué le 2 mai 1784, et *Virginie,* le 11 juillet 1786.

posés huit années auparavant. L'auteur lut sa pièce chez mademoiselle Lespinasse; on lui fit beaucoup de critiques qui laissaient entrevoir une chute. Laharpe, convaincu de la justesse des observations, jeta sa tragédie au feu avec un courage que tous les assistans admirèrent. Mais ce sacrifice n'était que simulé ; il en avait gardé copie, et, huit ans après, on la vit renaître de sa cendre, *quoique ce ne fût pas un Phénix*, disaient ses ennemis. Elle fut écoutée sans applaudissemens et sans murmures; le lendemain, la salle fut presque déserte. Laharpe ne voulut pas hasarder une troisième épreuve ; il retira sa pièce, et remercia le public des bontés dont il l'avait honoré.

Le succès de *Coriolan* ne fut point douteux. L'hiver de 1784 ayant été très-rigoureux, les Comédiens arrêtèrent de donner des représentations au profit des pauvres. Laharpe saisit une occasion aussi favorable, pour offrir au public sa nouvelle tragédie. L'affluence fut considérable, et la recette monta, dit-on, à plus de dix mille francs. Le sujet de Coriolan présentait de grandes difficultés ; il avait déjà été mis sur la scène sans succès. On se rappèle le mot de Crébillon à un jeune homme qui, en sortant du collége, lui présentait un Coriolan : *croyez-vous que si ce sujet avait été propre au théâtre, nous vous l'aurions laissé?* A cette autorité, se joignait l'autorité plus décisive encore de Voltaire, qui regardait ce sujet comme impraticable. Laharpe ne fut point arrêté par des décisions d'un aussi grand poids; il adopta le plan tracé par Lamotte; et, aidé de Shakespear, il fit une pièce qui s'est toujours maintenue au théâtre avec honneur.

Non content d'avoir effacé la chute des *Brames* par le succès de *Coriolan*, il voulut encore y ajouter celui de *Virginie*. Cette tragédie obtint des applaudissemens unanimes; et peut-être les dut-elle en partie à la précaution que l'auteur avait prise de se cacher sous le voile de l'anonyme. Cependant, comme s'il eût été dans sa destinée de ne jamais jouir d'un succès dans toute sa plénitude, et qu'il eût fallu qu'à la douceur des éloges qu'il recevait, il se mêlât toujours quelque chose de l'amertume de la critique, on essaya de déchirer le voile dont il s'était enveloppé. Un plaisant du parterre s'écria : *j'ai reconnu un vers de Pharamond.* On imprima dans un journal que *la pièce était trop bien pour n'être pas de Laharpe ; et qu'elle était encore plus sûrement de lui, parce qu'elle n'était pas mieux.* Cependant il persistait à garder l'incognito. A toutes les représentations, on demandait l'auteur à grands cris, et l'on répondait toujours qu'il était inconnu. Laharpe alla même jusqu'à la désavouer d'une manière formelle dans le journal de Paris. Un incognito si obstiné avait un motif : l'actrice qui était chargée du rôle principal, avait donné sa parole d'honneur au prince d'Henin, de ne jamais jouer dans aucun ouvrage de Laharpe ; il fallait donc bien se garder de laisser transpirer le nom de l'auteur. Malgré toutes ces précautions, personne ne doutait qu'elle ne fût de lui. Un jour qu'étant à l'Académie, il s'en défendait vivement : *eh bien !* lui dit Sédaine dans l'embrâsure d'une fenêtre, *je l'ai revue hier ; il y a, je vous assure, des scènes que vous ne désavoueriez pas.* —*Des....* répliqua Laharpe ; il se tut, et rougit.

Les jeux du théâtre n'absorbaient pas tellement son temps, qu'il n'en trouvât encore pour se livrer à d'autres travaux.

Pendant qu'il livrait au public ses dernières tragédies, il s'occupait d'un *poëme sur les femmes*. Il en lut plusieurs fragmens à l'Académie. Ce fut dans une de ces séances, qu'il fit lecture du second chant où se trouve de Catherine un magnifique éloge, que le poëte termine ainsi :

Tout le Nord est soumis ou tremblant sous sa loi.

Cet éloge était sans doute mérité; mais il était peut-être convenable de s'exprimer avec plus de réserve devant un autre souverain du nord, qui assistait à cette séance (*). Aussi M. de Calonne ne put s'empêcher de dire : *j'ignore si ce morceau est poétique, mais je sais bien qu'il n'est pas politique.*

Nous avons jusqu'ici suivi Laharpe dans ses travaux et dans ses études ; nous l'avons vu s'exerçant dans tous les genres, en vers, en prose, et embrassant, pour ainsi dire, toutes les parties de la littérature. A l'époque où nous sommes parvenus, il était

____

(*) Le Roi de Suède, qui voyageait sous le nom de comte de Haga.

âgé de 46 ans, et par conséquent dans toute la force de son talent. Cependant, si nous jetons un coup d'œil rapide sur ce qu'il avait produit jusqu'alors, nous y chercherons vainement de ces titres qui placent un écrivain parmi les hommes supérieurs, et lui assurent à jamais l'estime de la postérité. Il n'avait point encore songé à élever aux lettres ce monument qui devait être celui de sa gloire, et lui mériter le titre de *Quintilien français*. Avant de parler de ce *Cours de littérature*, et de considérer Laharpe comme critique, arrêtons-nous un moment, et considérons le comme poëte et comme orateur. De onze tragédies qu'il a faites, trois seulement sont restées au théâtre : *Warwick, Coriolan* et *Philoctète*. Philoctète est tiré tout entier de Sophocle ; Laharpe l'a suivi avec une fidélité scrupuleuse, et il n'a d'autre mérite que la versification qui est correcte, élégante et noble ; toutefois il lui faut savoir gré d'avoir transporté sur la scène une tragédie d'une simplicité aussi antique, à une époque où l'on ne croyait pas que notre théâtre pût supporter une pièce sans femme et sans amour. Dans *Coriolan* il a suivi Shakespear, ainsi que nous l'avons dit. Le rôle principal est tracé avec une grande énergie; mais on peut reprocher à l'auteur de s'être affranchi de la règle si essentielle des unités. *Warwick* lui appartient, quoiqu'on ait essayé de lui en contester la propriété (*), et c'est le plus beau fleuron de sa couronne dramatique. Le caractère d'Édouard est d'autant mieux conçu, que la première idée qui semblait devoir se présenter à un jeune homme de 23 ans, était d'en faire un tyran impérieux, afin de faire ressortir le caractère de Warwick. Laharpe ne s'est point laissé entraîner par cette combinaison si facile et si usée des contrastes; il a fait d'Édouard un prince noble et généreux qui n'oublie un moment ce qu'il doit à Warwick, que parce qu'il est entraîné par une passion violente. En établissant ainsi les caractères, il s'est menagé des situations qui ont assuré le succès de sa tragédie. Il y a de belles idées, de belles scènes dans ses autres ouvrages; ils sont réguliers et d'un style pur et correct: mais on y cherche-

---

(*) Voyez les Trois siècles littéraires, par Sabatier.

rait en vain de ces situations fortes et de ces beautés énergiques qui maintiennent un ouvrage au théâtre. Laharpe, il faut le dire, n'avait point la tête dramatique. Personne, mieux que lui, ne connaissait toutes les parties d'un art sur lequel avaient porté toutes ses spéculations ; personne n'était plus en état de sentir le mérite des grands tragiques anciens et modernes ; personne n'en avait fait une étude plus approfondie, n'en connaissait mieux les beautés et n'était plus à portée d'apprécier l'artifice de leurs combinaisons ; mais il manquait de ce génie créateur qui féconde les sujets, et imprime aux ouvrages le sceau de l'immortalité (*). Il l'avait très-bien senti lui-même, et, à cet égard, il ne se faisait point de vaines illusions. On lui demandait, quelque temps avant sa mort, comment il aurait parlé de ses tragédies dans son cours de littérature s'il avait été obligé de s'expliquer sur les auteurs vivans ; il répondit qu'il aurait pu se rendre cette justice, que *s'il n'avait pas con-*

(*) *Laharpe a beau faire ,* disait Helvétius, *il ne sera jamais que le Campistron de Voltaire.*

*tribué aux progrès de l'art dramatique,
on ne pourrait l'accuser d'avoir avancé
sa décadence.*

Si Laharpe n'a point toutes les parties
qui constituent le véritable auteur tragique,
on ne peut nier qu'il n'en ait possédé quelques unes à un assez haut degré. Ses tragédies ont un mérite qu'on ne saurait leur
contester ; je veux parler de celui du style.
» Mais, comme il le disait lui-même (*), ce
» mérite, si important à la lecture, si dé-
» cisif pour la réputation, ne peut, sur la
» scène, ni excuser les fautes, ni remplir
» les vides, ni suppléer à l'intérêt devant
» une assemblée d'hommes qui tous ont un
» égal besoin d'émotions, mais qui ne sont
» pas tous, à beaucoup près, également
» juges du style. »

Laharpe est du petit nombre des écrivains à qui il fut donné d'écrire également
bien en prose et en vers ; pur, élégant,
quelquefois chaud et énergique dans ses
tragédies ; son style a, dans ses poésies
fugitives, la grâce, la mollesse et la facilité du genre. Cet Aristarque, si ferme et

------

(*) *Voyez* le Cours de littérature, tom. 4.

si sévère quand il discute , saisit habilement toutes les nuances de la finesse et de
l'enjoûment quand il plaisante. Il composa
de petites pièces dans lesquelles il montra
une imagination et une délicatesse que jusqu'alors on avait crues étrangères à son talent. *Tangu et Félime ; l'ombre de Du-
clos; la réponse d'Horace*, prouvent qu'il
avait étudié la manière de Voltaire , et
qu'en l'imitant , il avait su conserver l'ai-
sance du naturel et le caractère de l'originalité. Sa muse flexible sut tour-à-tour
prendre tous les tons : pleine de vigueur
et d'energie, lorsqu'elle suivait la marche
de Caton dans les sables d'Utique, elle
devint tendre et mélancolique, lorsqu'elle
essaya de redire quelques uns de ces vers
qu'avait soupirés l'amant de Délie.

Si nous passons à ses éloges, nous y
retrouvons les mêmes qualités et les mêmes
défauts que dans ses ouvrages dramatiques;
de la correction , de la noblesse, de l'élégance, des pensées fines et ingénieuses ,
une juste appréciation des écrivains , une
saine littérature , mais rarement de ces
grands mouvemens oratoires, de ces explosions dont les orateurs de l'antiquité
nous ont laissé de si beaux modèles. Écou-

tons, à cet égard, un de ses contempo-
rains. Il s'agit de l'éloge de Fénélon. « M.
» Laharpe, dit-il, a du nombre dans le
» style, de la clarté, de la pureté dans
» l'expression, de la hardiesse dans les
» idées, de la gravité, du jugement, de
» force et de la sagesse; mais il n'est point
» éloquent, et ne le sera jamais. C'est
» une tête froide : il a des pensées, il a
» de l'oreille, mais point d'entrailles, point
« d'âme. Il coule, mais il ne bouillonne
» point; il n'arrache pas sa rive, et n'entraî-
» ne avec lui ni les hommes ni leurs habi-
» tations; il ne trouble, n'abat, ne ren-
» verse, ne confond point; il me laisse
» aussi tranquille que lui; je vais où il me
» mène; comme dans un jour serein, lors-
» que le lit de la rivière est calme, j'arrive
» à S.-Cloud en batelet ou par la galliote.
» Son ton est partout celui de l'exorde;
» il va toujours aussi compassé dans sa
» marche; également symétrisé dans ses
» idées; jamais ni plus froid ni plus chaud.
» Il ne réveille aucune passion, ni le mé-
» pris, ni la haîne, ni l'indignation, ni la
» pitié. Thomas et Laharpe sont le revers
» l'un de l'autre : le premier met tout en
» montagnes, celui-ci met tout en plaines.

» Cet homme sait parler et écrire; mais il
» ne sent rien, il n'éprouve pas le moindre
» tourment. Cela est beau, mais j'ai de
» la peine à aller jusqu'au bout; cela me
» berce.

» Je le vois à son bureau; il a devant lui
» la vie de son héros, il le suit pas à pas.
» A chaque ligne de l'histoire, il écrit sa
» ligne oratoire; il s'achemine de ligne en
» ligne jusqu'à ce qu'il soit à la fin de son
» discours. Coulant, faible, nombreux
» comme Isocrate, mais bien moins plein,
» bien moins penseur, bien moins délicat
» que l'Athénien. O vous, Carnéade ! ô
» vous, Cicéron ! que diriez-vous de cet
» éloge ? Je ne t'interroge point, toi qui
» évoquais les mânes de Marathon !

» Jamais une exclamation ni sur les ver-
» tus, ni sur les disgrâces de son héros :
» il raconte; et puis quoi encore ? il ra-
» conte. Raconte donc, puisque c'est ta
» manie de raconter; jette au moule tes
» phrases l'une après l'autre, comme le
» fondeur y a jeté, comme le composi-
» teur a arrangé les lettres de ton discours.
» Encore une fois, cet homme a du nom-
» bre, de l'élégance, du style, de la rai-

» son, de la sagesse; mais rien ne lui bat
» au-dessous de la mamelle gauche. »

A cette emphase, à ces vives apostrophes, à ce ton d'inspiré, on a reconnu Diderot; Diderot qui toujours impétueux dans ses jugemens comme dans son style, écrivait, avec le même emportement, un éloge, une préface et un essai sur le drame. C'est cette distinction des styles propres à chaque genre qui justifie Laharpe. On ne doit point exiger dans un éloge ces grands mouvemens, ces explosions soudaines dont parle Diderot. Laharpe a conservé à l'éloquence académique le caractère qui lui convient; il a su la débarrasser de l'appareil philosophique, de la lenteur de l'énumération, du faste des mots, et des tournures pédantesques; défauts justement reprochés à Thomas. Toutefois, à travers l'exagération du jugement de son censeur, on entrevoit quelque apparence de vérité; on ne peut se dissimuler que Laharpe ne posséda peut-être point à un assez haut degré cette chaleur qui féconde et anime un sujet : un tact fin et délicat, un goût sûr et éprouvé, un sentiment exquis des convenances, une raison supérieure; telles sont ses qualités éminemment distinctives.

Aussi préférait-il Racine à Corneille , et Cicéron à Démosthènes.

Mais si ces qualités ne suffisent point pour former un orateur , elles constituent essentiellement un critique ; et c'est ici que nous allons voir Laharpe dans toute sa gloire. Dès sa jeunesse , il avait travaillé aux journaux , et quoiqu'alors il n'eût peut-être point mis dans ses jugemens, cette sagesse et cette modération que l'on a droit d'attendre d'un écrivain qui s'érige en juge suprême de la littérature, on avait pu remarquer la sûreté de son goût et la solidité de ses principes. D'une rigueur inflexible dans ses arrêts, il poursuivit sans relâche le mauvais goût et le bel - esprit ; défauts qui marchent presque toujours de compagnie , et qui avaient de zélés défenseurs dans le précieux Dorat et le fougueux Linguet. Cette justice rigoureuse qu'il exerçait à l'égard des mauvais écrivains , lui attira de nombreux ennemis. Sa vie fut un combat ; et plus d'une fois il eut lieu de s'apercevoir qu'une extrême justice est une extrême injure.

Enfin , l'occasion se présenta où il put exercer d'une manière noble et indépendante ce talent de critique qu'il possédait à un si haut degré, et mettre à profit les travaux d'une vie consacrée toute entière à l'étude des modèles et à l'examen refléchi de leurs beautés. Ce fut en 1786 que l'on vit s'élever cet établissement connu sous le nom de *Lycée*. Des personnes de la plus haute naissance le prirent sous leur protection; le marquis de Montesquiou en rédigea le prospectus; il engagea les hommes les plus distingués à seconder ses vues. Marmontel et Garat furent chargés du cours d'histoire, et Laharpe de celui de littérature. La carrière qui s'ouvrait devant lui était immense, et il avoue que s'il lui eût été permis d'en considérer l'étendue, il ne s'y serait jamais engagé. Quel écrivain cependant était plus propre à mettre à fin une entreprise aussi difficile? Passionné pour les lettres, toutes ses spéculations s'étaient tournées vers elles; il s'était essayé dans presque tous les genres qu'il avait à définir; et ce n'était point un médiocre avantage de pouvoir joindre aux méditations de l'étude les leçons de l'expérience. Aussi, remarque-t-on, dans ses aperçus généraux, un esprit maître de sa matière, qui embrasse, saisit tous les rapports, et qui a considéré sous toutes les faces les objets dont il va traiter. S'il descend ensuite aux détails, quelle sagacité dans ses remarques ! quelle justesse dans ses raisonnemens ! quelle finesse dans ses vues ! C'est-là qu'apparaissent la logique dans toute sa force et la raison dans toute sa puissance.

Laharpe s'occupait exclusivement de son *Cours de Littérature*, lorsque la révolution arriva. Les séances du Lycée qui jusqu'alors avaient été si brillantes, perdirent peu à peu l'intérêt quelles avaient inspiré ; c'est en vain que le professeur essaya de retenir autour de sa chaire des auditeurs inquiets, entraînés par l'ardeur des nouveautés, et que des intérêts d'une bien plus haute importance appelaient à la tribune publique. Laharpe lui-même ne put résister au torrent, et à une époque où le nom de *bien public* pouvait encore ne point paraître une chimère; il partagea les illusions de ceux qui crurent voir dans le changement qui se préparait, la réforme des abus et le passage à une constitution meilleure. Il écrivit à ce sujet quelques articles dans le Mercure. Ses illusions furent de courte durée. On ne prenait point alors impunément quelque part aux affaires publiques ; il fut dénoncé. Il essaya de détourner le coup qui le menaçait en prenant les livrées de ces hommes féroces qui régnaient sur la France ; cette faiblesse, qu'il répara dans la suite d'une manière si éclatante, ne put assurer sa liberté ; il fut arrêté et renfermé au Luxembourg. Ce fut alors qu'il vit dans toute leur difformité ces principes dont on avait tiré des conséquences si funestes et dont il avait été lui-même l'apologiste. Abandonné de tous, environné de victimes qui ne sortaient de ce lugubre séjour que pour monter à l'échafaud, attendant chaque jour la mort, il avait vainement appelé à son secours ces idées philosophiques qui ont quelque chose de brillant dans la spéculation, mais qui dans la réalité sont vides et creuses, et ne peuvent être d'aucune application dans le malheur. Son âme abattue et flétrie n'avait plus où se prendre, lorsque tout-à-coup il se fit dans ses idées une révolution trop étonnante pour l'attribuer à des moyens purement humains.

Une femme qui se trouvait renfermée dans la même prison que lui, et qui joignait à une piété solide les agrémens d'un esprit cultivé, voyant l'état d'abattement

où il était tombé, essaya de relever son courage et de lui donner quelques consolations ; elle l'engagea à traduire les psaumes de David, et le pria de faire sur ce livre une espèce de commentaire. Laharpe, charmé d'avoir une occupation conforme à ses goûts, se livra avec ardeur à ce travail ; les beautés uniques qui brillent dans les chants du Prophête-Roi ne pouvaient manquer de faire une vive impression sur son esprit ; mais les dispositions qu'il apportait à cette lecture lui firent voir, sous une face nouvelle, des poëmes que, jusque-là, il n'avait considérés que dans leurs rapports avec la littérature. Pénétré de l'esprit qui règne dans les livres saints, il sentit tout le vide des opinions humaines, et ses yeux qui étaient fermés à la lumière s'ouvrirent tout d'un coup : *Eratis aliquando tenebrœ, nunc autem lux in domino.* Laissons Laharpe nous retracer lui-même de quelle manière s'était opéré ce grand changement. « J'é-
» tais dans ma prison, dit-il, seul, dans
» une petite chambre, et profondément
» triste. Depuis quelques jours j'avais lu
» les Psaumes, l'Évangile et quelques
» bons livres. Leur effet avait été rapide,

» quoique gradué; déjà j'étais rendu à la
» foi; je voyais une lumière nouvelle,
» mais elle m'épouvantait et me conster-
» nait en me montrant un abîme, celui
» de quarante années d'égarement; je
» voyais tout le mal et aucun remède.
» Rien autour de moi qui m'offrît les se-
» cours de la religion. D'un côté, était ma
» vie telle que je la voyais au flambeau de
» la vérité céleste; et de l'autre, la mort, la
» mort que j'attendais tous les jours, telle
» qu'on la recevait alors. Le prêtre ne
» paraissait plus sur l'échafaud pour con-
» soler celui qui allait mourir; il n'y mon-
» tait plus que pour mourir lui-même.
» Plein de ces désolantes idées, mon
» cœur était abattu, et s'adressait tout bas
» à Dieu, que je venais de retrouver, et
» qu'à peine connaissais-je encore. Je lui
» disais : que dois-je faire? que vais-je
» devenir? J'avais sur une table *l'Imi-*
» *tation*, et l'on m'avait dit que dans cet
» excellent livre, je trouverais souvent la
» réponse à mes pensées. Je l'ouvre au
» hasard, et je tombe en l'ouvrant sur
» ces paroles : *Me voici, mon fils, je*
» *viens à vous, parce que vous m'avez*
» *invoqué.* Je n'en lus pas davantage.

» L'impression subite que j'éprouvai est
» au-dessus de toute expression, et il ne
» m'est pas plus possible de la rendre que
» de l'oublier. Je tombai la face contre terre,
» baigné de larmes, étouffé de sanglots,
» jetant des cris et des paroles entrecou-
» pées. Je sentais mon cœur soulagé et di-
» laté, mais en même temps comme prêt
» à se fendre. Assailli d'une foule de pen-
» sées et de sentimens, je pleurai assez
» long-temps, sans qu'il me reste, d'ail-
» leurs, d'autre souvenir de cette situation,
» si ce n'est que c'est, sans comparaison,
» ce que mon cœur a jamais senti de plus
» violent et de plus délicieux, et que ces
» mots : *Me voici, mon fils*, ne cessaient
» de retentir dans mon âme et d'en
» ébranler puissamment toutes les fa-
» cultés ».

Quel changement! ce philosophe qui
avait adopté tout ce que contenaient de plus
hardi les systèmes des novateurs ; cet esprit
fort, pour qui les idées religieuses n'étaient
que de vains préjugés ; cet élève d'un homme qui avait passé sa vie entière à tourner en
ridicule les livres saints, le voilà prosterné
la face contre terre et pleurant amèrement
ses erreurs ; le voilà chrétien. Un seul mot,

me voici, mon fils, a opéré une conversion qui paraissait impossible; car, comme
il le dit lui-même, *entre l'orgueil et la
foi il y a l'infini.* Quelques personnes
ont élevé des doutes sur la sincérité de
cette conversion; nous n'essayerons pas
de les convaincre; qu'elles lisent le discours que Laharpe a mis au-devant du
Psautier (*), et qu'elles prononcent.

Sorti de sa prison, Laharpe remonta
dans la chaire du Lycée; ce n'était plus
pour y porter les maximes philosophiques,
mais pour y faire une abjuration solennelle
de ses erreurs et pour y professer devant
tous les vérités de la religion. Son discours
d'ouverture fit une impression profonde.
Quelle surprise de revoir, plein de conviction, un homme qui avait douté de
tout; et cette conviction, il la portait
dans l'âme de ses auditeurs, par la manière vive et énergique dont il exprimait ce qui s'était passé en lui. Il ne se
borna point à ces leçons publiques, il
voulut créer un journal (**) pour y con-

(*) Publié en l'an 6, in-12 et in-8o.
(**) Le mémorial.

signer ses sentimens nouveaux et propager la vérité. Ce fut aussi à cette époque qu'il publia *le fanatisme dans la langue révolutionnaire*, morceau plein de vigueur et d'énergie, où l'on remarque ce cachet particulier que Laharpe imprima à ses écrits, lorsque la religion eut augmenté ses forces et épuré son talent.

Un zèle aussi ardent ne resta pas long-temps impuni; il fut proscrit en vendémiaire et au 18 fructidor; mais cette même femme qui avait adouci l'amertume de sa détention au Luxembourg, lui procura un asile à quelques lieues de Paris (*). Les dangers sans cesse renaissans dont il était environné ne purent altérer la tranquillité dont il jouissait dans cette paisible retraite; il partageait son temps entre les exercices de piété et trois grands ouvrages qu'il avait entrepris (**). Le plus important à ses yeux était *l'Apologie de la religion;* il disait souvent qu'il mourrait sans regret s'il pouvait achever cet ouvrage.

(*) Corbeil.

(**) La Philosophie du dix-huitième siècle; l'Apologie de la Religion; la Religion, poëme.

Cette vie tranquille, cette paix inté-
rieure avaient fortifié sa santé, et lorsqu'après une proscription de plus de deux
années, il reparut au Lycée, on ne douta
point qu'il ne dût occuper encore long-
temps cette chaire dans laquelle il était
si difficile de le remplacer. Vain espoir !
sa santé s'altéra tout d'un coup ; des ac-
cidens graves survinrent ; il vit son état
et n'en fut point épouvanté : dès long-
temps il s'était préparé à cette dernière
action, si importante pour un véritable
chrétien, et jusqu'aux derniers momens
il conserva son calme et son sang froid.
Après avoir mis ordre à ses affaires et dicté
ses dernières volontés à l'égard de ses parens et de ses amis, il fit réciter les prières
des agonisans. M. de Fontanes étant venu
le voir la veille de sa mort, s'approcha de
son lit pendant qu'on récitait ces prières :
» Mon ami, dit le moribond, en lui ten-
» dant une main desséchée, je remercie
» le ciel de m'avoir laissé l'esprit libre
» pour sentir combien cela est consolant
» et beau ». Ce furent ses dernières paroles ; il mourut le lendemain 11 février
1803, âgé de 64 ans. Ses amis et une
foule de gens de lettres accompagnèrent

son convoi. Une députation de l'Institut
se joignit au cortége, et M. de Fontanes
prononça sur sa tombe le discours suivant :

« Les lettres et la France regrettent
» aujourd'hui un poëte, un orateur, un
» critique illustre. Laharpe avait à peine
» 25 ans, et son premier essai dramatique
» l'annonça comme le plus digne élève des
» grands-maîtres de la scène française.
» L'héritage de leur gloire n'a point dé-
» généré entre ses mains; car il nous a
» transmis fidèlement leurs préceptes et
» leur exemple. Il loua les grands hommes
» des plus beaux siècles de l'éloquence et
» de la poésie, et leur esprit, comme leur
» langage, se retrouve toujours dans les
» écrits d'un disciple qu'ils avaient formé.
» C'est en leur nom qu'il attaqua jusqu'au
» dernier moment toutes les fausses doc-
» trines littéraires; et, dans ce genre de
» combat, sa vie entière ne fut qu'un long
» dévouement au triomphe des vrais prin-
» cipes : mais, si ce dévouement coura-
» geux fit sa gloire, il n'a pas fait son bon-
» heur. Je ne puis dissimuler que la fran-
» chise de son caractère et la rigueur im-
» partiale de ses censures éloignèrent trop
» souvent de son nom et de ses travaux la

» bienveillance et même l'équité. Il n'ar-
» rachait que l'estime où tant d'autres au-
» raient obtenu l'enthousiasme. Souvent
» les clameurs de ses ennemis parlaient
» plus haut que le bruit de ses succès et de
» sa renommée. Mais, à l'aspect de ce
» tombeau, tous ses ennemis sont désar-
» més : ici les haines finissent, et la vérité
» seule demeure. Les talens de Laharpe
» ne seront plus enfin contestés. Tous les
» amis des lettres, quelles que soient leurs
» opinions, partagent maintenant notre
» deuil et nos regrets. Les circonstances
» où la mort le frappe rendent sa perte en-
» core plus douloureuse. Il expire dans un
» âge où la pensée n'a rien perdu de sa
» vigueur, et lorsque son talent s'était
» agrandi dans un autre ordre d'idées qu'il
» devait au spectacle extraordinaire dont
» le monde est témoin depuis douze ans.
» Il laissa malheureusement imparfaits
» quelques ouvrages dont il attendait sa
» plus solide gloire, et qui seraient devenus
» ses premiers titres dans la postérité. Ses
» mains mourantes se sont détachées avec
» peine du dernier monument qu'il éle-
» vait. Ceux qui en connaissent quelques
» parties avouent que le talent poétique de

» l'auteur, grâces aux inspirations reli-
» gieuses, n'eut jamais autant d'éclat, de
» force et d'originalité. On sait qu'il avait
» embrassé, avec toute l'énergie de son ca-
» ractère, les opinions utiles et consolantes
» sur lesquelles repose le système social ;
» elles ont enrichi non-seulement ses pen-
» sées et son style de beautés nouvelles,
» mais elles ont encore adouci les souf-
» frances de ses derniers jours. Le Dieu
» qu'adoraient Fénélon et Racine, a con-
» solé, sur le lit de mort, leur éloquent
» panégyriste et l'héritier de leurs leçons.
» Les amis, qui l'ont vu dans les derniers
» momens où l'homme ne déguise plus
» rien, savent quelle était la vérité de ses
» sentimens ; ils ont pu juger combien son
» cœur, indigné de la calomnie, renfermait
» de droiture et de bonté. Déjà même les
» sentimens les plus doux étaient entrés
» dans ce cœur trop méconnu et si souvent
» abreuvé d'amertumes. Les injustices se
» réparaient ; nous étions prêts à le revoir
» dans ce sanctuaire des lettres et du goût,
» dont il était le plus ferme soutien ; lui-
» même se félicitait naguère encore de cette
» réunion si desirée ; mais la mort a trompé
» nos vœux et les siens. Puissent au moins

» se conserver à jamais les traditions des
» grands modèles qu'il sut interpréter avec
» une raison si éloquente ! puissent-elles ,
» mes chers confrères, en formant de bons
» écrivains, donner un nouvel éclat à cette
» Académie française qu'illustrèrent tant
» de noms fameux, depuis cent cinquante
» ans, et que vient de rétablir un grand
» homme si supérieur à celui qui l'a
» fondée ! »

MELY JANIN.